本书属于

我的梦想球队是

图书在版编目（CIP）数据

我的梦想球队之路/（德）托马斯·穆勒著；（德）扬·比尔克图；林琳译. —北京：商务印书馆，2019
ISBN 978-7-100-17142-7

Ⅰ.①我… Ⅱ.①托…②扬…③林… Ⅲ.①穆勒—自传 Ⅳ.① K835.165.47

中国版本图书馆CIP数据核字（2019）第037032号

权利保留，侵权必究。

Author: Thomas Müller
Illustrator: Jan Birck
Title: Mein Weg zum Traumverein
Copyright © Verlag Friedrich Oetinger GmbH, Hamburg 2018

Chinese language edition arranged through HERCULES Business & Culture GmbH, Germany

我的梦想球队之路

〔德〕托马斯·穆勒 著
〔德〕扬·比尔克 图
林琳 译

商 务 印 书 馆 出 版
（北京王府井大街36号 邮政编码100710）
商 务 印 书 馆 发 行
北京中科印刷有限公司印刷
ISBN 978-7-100-17142-7

2019年3月第1版　　开本 889×635　1/16
2019年3月北京第1次印刷　印张 4
定价：45.00元

〔德〕托马斯·穆勒 / 著

我的梦想球队之路

〔德〕朱利安·沃尔夫 / 合作

〔德〕杨·比尔克 / 图

林琳 / 译

商务印书馆
The Commercial Press
2019年·北京

目录

前言 7

1. 超级大赛 9

2. 天降良机 18

3. 球探来了 22

4. 试训那天 32

5. 梦想成真 40

游戏小世界 46

大家好!

我,就是你们的托马斯。

在这本书里,
我想和大家聊聊,
自己是怎么一步一步
走进我梦想的球队的。

那时候我刚满十岁,
从家乡小小的村子,
一步一步,
走进大城市,
走向慕尼黑。
真是令人激动的旅程。

作为一个足球运动员,
我已经收获了很多。

德甲冠军,
德国杯冠军,
随俱乐部
拿到了欧冠奖杯,
随德国队
捧起了大力神杯。

尽管收获颇丰,
但我忘不了走过的路。

衷心希望大家
喜欢我的书、喜欢运动。
祝你们一切顺利!

你们的 **托马斯**

1. 超级大赛

我带球,
以最快的速度向前狂奔。
草坪非常湿滑,
对方球门近在咫尺。

小心!
一位防守球员对我放铲,
我小心地跳过他的腿,
抬头瞄准球门。
右上角!
就要往那里踢!

我使出全身力气,
起脚射门。
嗖!球飞向球门。

守门员束手无策。
球应声入网。
1∶0！我们佩尔队领先了！
我们在地区联赛的决赛中
领先了！

没有人相信我们
能够走到决赛。
而现在我们取得了领先。

然而对手并没有放弃,
他们铆足了劲儿
向我们压过来,
发动攻势想要扳平比分。

"不要放松警惕!
现在所有人都要
参与防守!"
我向队友们喊道,
同时从中场向后场跑去。

我们的防守做得很好。

"太棒了,就这么防!"我喊道。

我又重回前场,

在禁区周围游荡,

等待时机。

终场前不久,

我们丢失了球权。

对方的前锋向我方球门冲来,

身边无人防守。

天哪!
不能让他们进球!我心想。
对方前锋射门!——
还好只是命中门柱。
呼——!万幸!

现在赶紧吹哨啊!
我特想这样
朝裁判嚷嚷。
终于等到了这一刻。
终场哨响,尘埃落定。

所有队友都欢呼着
朝我涌来,
叠起罗汉,把我压在最下面。

我们做到了!
我们创造了奇迹!
我们一个小小的球队
在地区联赛中登顶。

真是难以置信!

这样下周末
我们就可以
在更高级别的联赛舞台上
亮相了。
那个级别的赛场上
活跃着的
都是如雷贯耳的球队。
而我们,小小的佩尔队,
居然创造了历史!

2. 天降良机

晚上,
我们全家坐在一起吃饭。
我的妈妈克劳迪娅,
我的爸爸格尔哈特,
我的弟弟西蒙,
还有我。

突然，妈妈把手放在
我的肩膀上，说：
"托马斯，
有一个慕尼黑来的球探
今天看了你们的比赛。"

妈妈告诉我，
比赛时球探就坐在她身边。
"他跟我说，
如果你能保持
今天这样的竞技状态，
他会邀请你去试训。"

试训！
去慕尼黑那家我梦想的俱乐部！
它的职业球队可是全国第一。
这简直太棒了！

多年来,
我睡的是
这家俱乐部的床单;
在学校,
我穿的是这家俱乐部红白相间的球衣。
那是爸爸妈妈
送给我的生日礼物。

我的亲朋好友,
也都是这支球队的忠实球迷。

我高兴地
从椅子上跳起来,
连手里的黄油面包都飞了出去。
"我要在试训的时候
向他们证明自己!"我叫道。

我恨不得明天一大早
就跑过去试训。
上个赛季我为佩尔队
打入了90个进球。
但是我很清楚：
现在需要付出更多努力才行。

3. 球探来了

一个星期后，
我们迎来了更高级别的联赛。
我们的对手都是顶级的球队。
看台上挤满了人。

现场甚至还来了
记者和摄影师。
我们这里所有的孩子
都知道这个联赛。
所有的孩子都想踢这个联赛。

最初的几场比赛我们都赢了。
四分之一决赛开始前，
妈妈把那个球探指给我看。

他站在场边，
手里拿着一个笔记本
和一支笔。

在比赛中,我注意到
球探在非常仔细地观察我。
于是我比平时
更加专注于比赛。
我要把一个
最好的托马斯
呈现在他的面前!

停球。
传球。
射门。

我的队友也拼尽全力。
尽管如此，
中场休息时我们还是0∶1落后。

下半场换边后，
形势越来越糟。
最后我们0∶3输掉了比赛，
被淘汰出局。

赛后,
我们失望地
回到更衣室。

对手确实在实力上
更胜一筹。
太遗憾了。

"孩子们，失败本就是足球的一部分啊！"教练说。

没错！我们一个小小的佩尔队能够走到今天，已经非常棒了！

因此，

我对队友们说：

"我们可以感到自豪。"

大家纷纷点头，

有人脸上

重新露出了笑容。

而我，在自豪的同时
也隐隐感到害怕。
害怕球探会
因为我们输掉比赛，
而不邀请我
前去试训了。

因此
在回家的路上，
我一度非常沉默。

妈妈看出来我心里害怕,
朝我微笑道:
"球探刚才
和我说过了,
你今天也踢得很不错。
球队的胜负不是决定因素。
他说,
希望你下周过去试训。"

这一刻我才完全放下心来,
高兴得
在妈妈的脸颊上
印上了一个深深的吻。

4. 试训那天

一周以后,
我和妈妈一起
乘火车去了慕尼黑。
经过一个小时,
终于来到了俱乐部门口。

俱乐部的大楼
比我们整个学校都大。
更衣室的空间
也比我们佩尔队的大得多。

走廊的墙上
画着俱乐部的队徽。
一切都是那么整洁。

球场护理员把训练场的草坪
修剪得整整齐齐。
这儿肯定是没有鼹鼠出没的。

隔壁
就是职业队的训练场。
我是多么希望
能够看一眼巨星们啊!

在试训时,
我们需要将球
准确地传给队友。

我很紧张。
有些孩子
也和我一样紧张。

有些却显得非常
从容淡定,
也几乎不犯错。
他们应该已经
在俱乐部待了一段时间了。

噗

一开始

我就出现了传球失误。

而且

在离球门仅有十米的地方射偏了。

老天爷!

我到底是怎么了?!

还好几分钟后
我便找回了状态。
也适应了
这里的快节奏。

在佩尔队
我是最佳射手。
但这里的每个人都天赋异禀。

防守球员非常强壮,
和他们相比,
我的腿细得就像牙签一样。
不过这样也好,
因为没有肌肉,
对抗的时候就不会痛。

尽管如此,在这里
我不能像在佩尔队那样随心所欲。
还好我比其他人
在身高上略占上风。
于是我便发挥这个优势,
尽量用头球进攻。

嚓

在训练快结束的时候,
我给踢中场的队友
传了一个直塞球。
他冷静地将球打进。

随后教练便吹响了
结束训练的哨声。

我的大脑
一片混乱。
他们会签下我吗?
我能留在队里吗?
有些地方我做得不错,
但也有一些地方做得不好。
当我走回更衣室时,
我一点底气都没有。

5. 梦想成真

训练结束后,
爸爸来接我回家。
他就在慕尼黑工作,
便骑着摩托车过来。
他穿着黑色的皮夹克
和黑色的裤子。

"大家看哪!
扫烟囱的人来了!"
我的队友一边喊
一边朝我爸爸眨眼睛。
大家都笑了起来。
于是我爸爸
有了一个新的外号。

其他的家长也
来接孩子回家了。
今天一共有十个孩子
参加了试训。

教练把大家叫到一起。
试训前他告诉过我们,
训练结束后会宣布
谁能够留下。

"拜托！"我内心呼喊，"留下我吧，
我真的只想为你们队比赛！"
因为紧张和激动，
我的手不停颤抖。

短短的几秒钟
变得漫长无比。
这是我人生中
最激动人心的一天！

那一刻终于来临了。
教练走向我和爸爸,
他说:
"托马斯,
你今天训练表现很棒。"
所以呢?我想。
下一句话是什么?
尽管训练表现不错,
但还是有差距吗?

然后，教练终于
说出了一锤定音的那句话：
"我们想要签下你。"

我不敢相信。
我的梦想
终于成真了！
他们看中我了！
看中来自佩尔的托马斯了！

我从未如此兴奋,
同时暗暗下定决心:
我会在这里、在慕尼黑
全力以赴!

全文完

欢迎来到托马斯的
游戏小世界

还想获得更多的阅读体验吗？

这里有妙趣横生的字谜和游戏。

祝大家玩得开心！
你们的 **托马斯**

答案请见
第60-61页

射门练习

户外游戏

你需要：
1个足球
10只一次性杯子
粉笔或可做标记的物品

在地面上划一条线或做个标记作为罚球线
将杯子置于一定距离之外

游戏1：
用足球将杯子全部踢倒，你踢几次能够做到？
多试试能够减少次数吗？

游戏2：
和一个小伙伴一起玩，一人踢一下，轮流来。
看谁踢倒的杯子更多。

a
b
c
d
e
f
g
h
i
j
k
l
m
n
o
p
q
r
s
t
u
v
w
x
y
z

例：kjo rjv → j̄ ì n q í u 进球

tif nfo → ☐☐̀ ☐☐́ ＿ ＿

mjbo tbj → ☐☐́ ☐☐̀ ＿ ＿

evj ivj → ☐☐̀ ☐☐̄ ＿ ＿

nfoh yjboh → ☐☐̀ ☐☐̌ ＿ ＿

解密游戏

用字母表中的前一个字母代替给出的字母，组成拼音，并写出相应的汉字。

世界杯迷你小测

你了解世界杯吗？
请将正确答案对应的汉字填在方框里，这就是穆勒作为最佳射手获得的奖品。

| 托马斯·穆勒在哪一年随德国国家队获得了世界杯冠军？ | 2014 | 金 |
| | 2016 | 银 |

| 那年的世界杯举办地是？ | 西班牙 | 球 |
| | 巴西 | 靴 |

| 托马斯·穆勒在世界杯后举起的是？ | 沙拉盘 | 杯 |
| | 大力神杯 | 奖 |

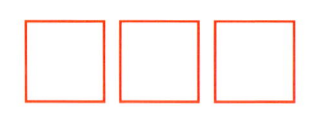

答案：☐ ☐ ☐

50

○ 门　○ 球　○ 杯　○ 梦

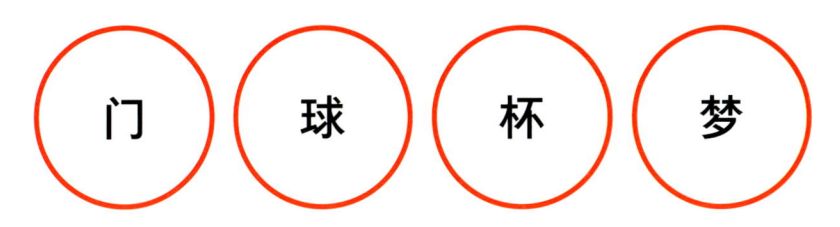

门		杯	球
	球		梦
	杯	梦	
梦			

请将上面四个词填入方框，注意：每个词在横、竖，斜三个方向均只能出现一次。（↔ ↕ ↖ ↗）

足球小数独

数字十字谜

请将问题的答案填入相应方框内,得到的答案就是穆勒在欧冠赛场首秀的日子。

1. 穆勒在拜仁慕尼黑俱乐部的球衣号码?
2. 穆勒进入拜仁慕尼黑一线队是哪一年?
3. 穆勒的首届世界杯时间?
4. 穆勒的生日是____月____日?
5. 慕尼黑德比指的是拜仁慕尼黑和慕尼黑____的比赛。
6. 穆勒在国家队的球衣号码?
7. 在本文中,穆勒刚满几岁?
8. 德国上一次获得世界杯冠军是哪一年?

托马斯·穆勒欧冠赛场首秀的时间是

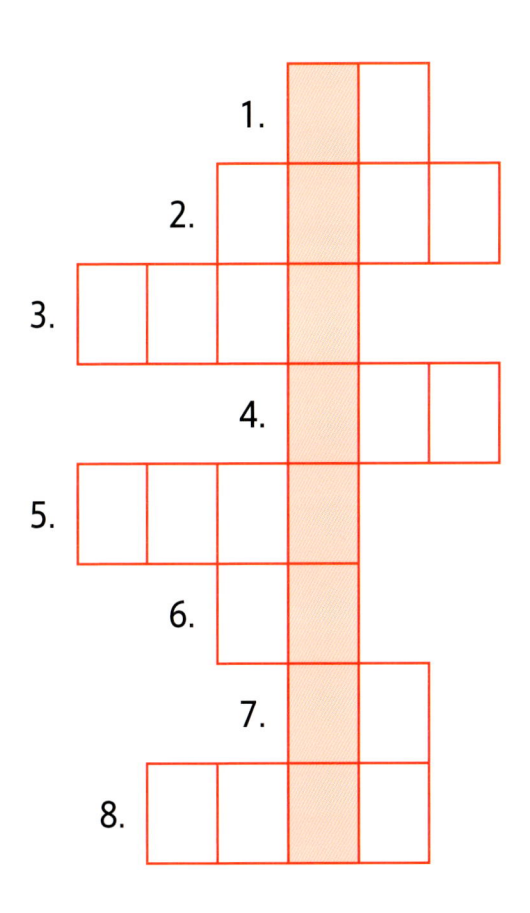

___ ___ ___ ___ 年 ___ ___ 月 ___ ___ 日。

生日迷宫

怎样才能从佩尔走到慕尼黑？

请按照顺序，将从佩尔走到慕尼黑一路上收集的数字填在方框内。这些数字组成的是托马斯·穆勒的生日。

☐☐☐☐ 年 ☐ 月 ☐☐ 日

佩尔

慕尼黑

俱乐部特饮

想亲手制作一杯吗？

你需要： 1个玻璃杯

苹果汁

气泡水

香车叶草汁

吸管

绿色纸

透明胶

白纸、水彩笔、剪刀

在一张纸上画出你最喜欢的俱乐部的队徽，并将它剪下来，贴在距吸管上端三分之一处。用绿色纸剪出草地的形状，并且贴在玻璃杯下部。朝杯中倒入半杯苹果汁，并加入两茶匙香车叶草汁搅拌，再倒满气泡水。

插入吸管，好好享受自己制作的特饮吧！

① 汉堡
② 柏林
③ 慕尼黑
④ 科隆

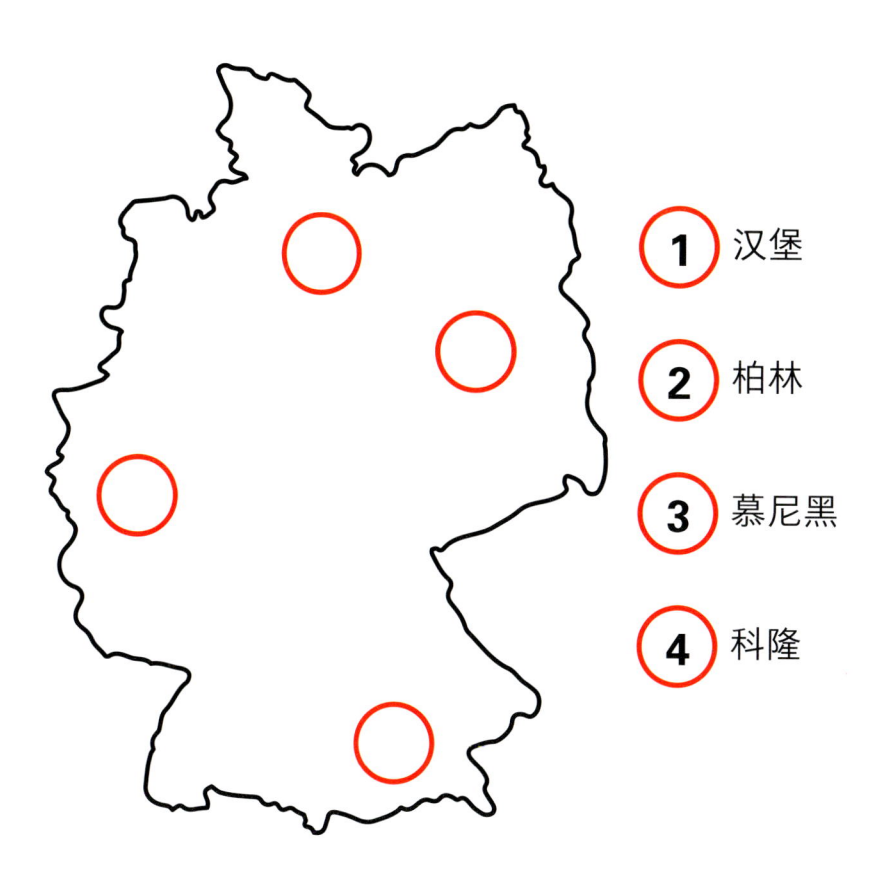

这些城市均有大型足球俱乐部。请将对应的数字填在地图上。

足球地图

掷骰子游戏

双人游戏：谁会射入制胜球？

你需要： 2个骰子

10个棋子

（可用小石子代替）

请在右页场地的数字位置放上棋子。

两个人轮流掷骰子。

掷到什么数字就把对方在该数字上的棋子拿掉。

如果对方已经失去场上的全部棋子，

则获得射门机会：

同时掷两个骰子，当两个骰子掷出的数字相同时，

便可以开始射门了。

先射门的一方获得游戏胜利。

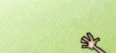

59

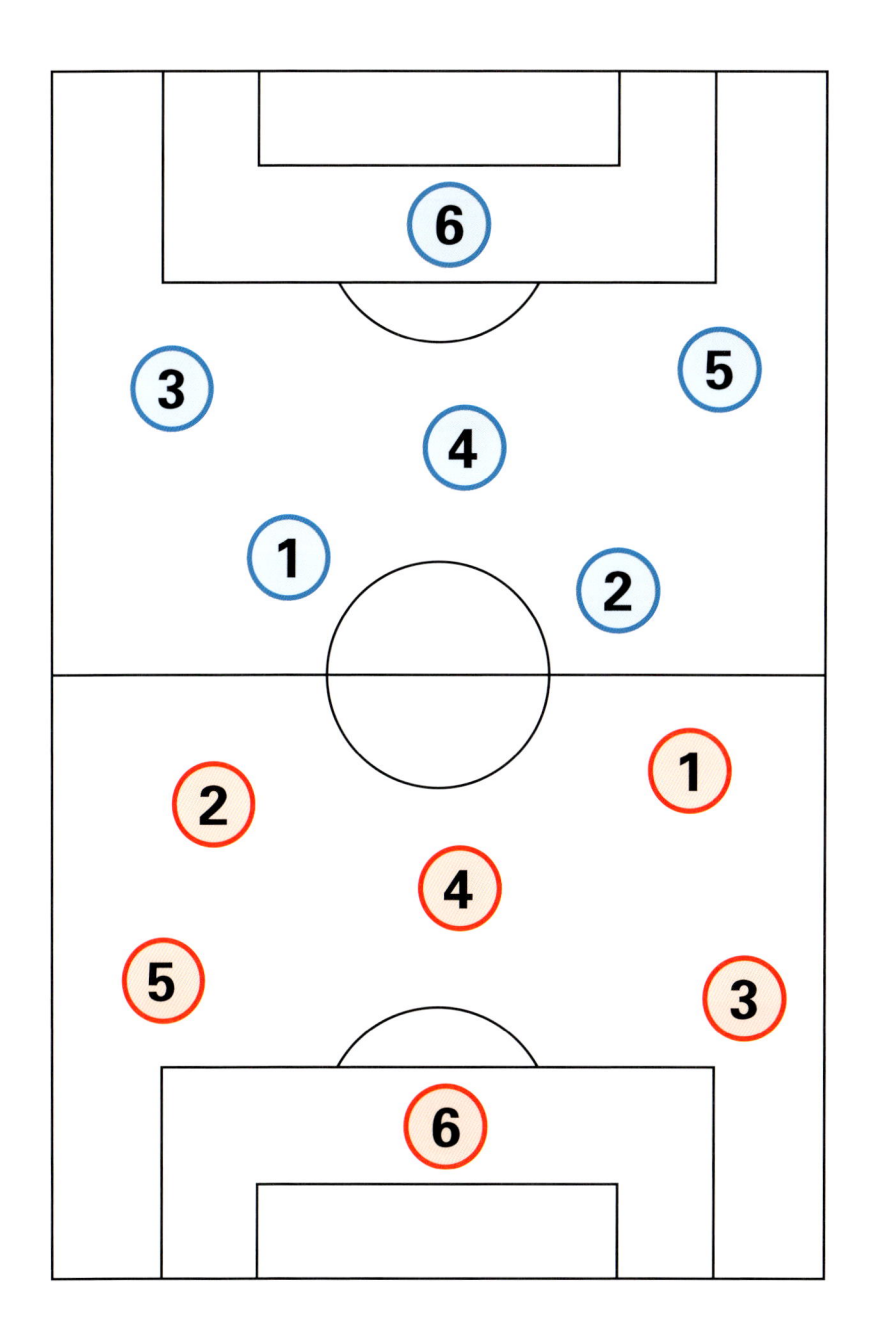

游戏答案

游戏好玩吗？
这里是答案。

第 57 页：启辰地图

第 54–55 页：生日派对
1989年9月13日

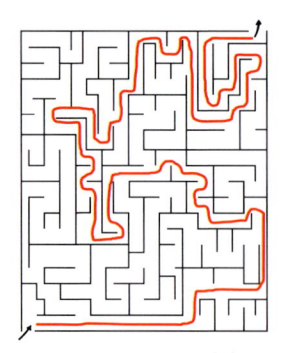

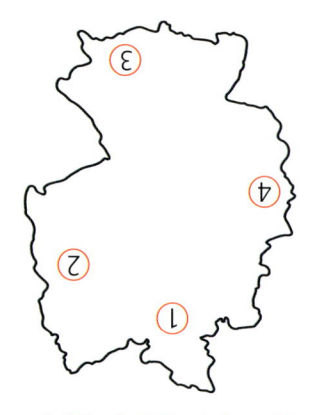

第49页：揭密游戏

she men 什么
lian sai 联赛
dui hui 队徽
meng xiang 梦想

第50页：世界杯选你小测

答案：变棒棒

第51页：巨棋小霸神

棋	么	什	门
么	门	什	棋
门	什	么	棋
什	棋	门	么

第52-53页：数字十字牌

	1.5				
2.	**2**	0	0	9	
3.	**2**	0	1	0	
	0				
4.	**9**	1	3		
	0				
5.	**1**	8	6	0	
	3				
6.	**1**				
	0				
7.	**1**				
8.	**2**	0	1	4	

答案：2009年03月11日

责任编辑：石良燕
封面设计：单佳佳